认国旗

童心 编

化学工业出版社
·北京·

编写人员：

王艳娥　于冬晴　宁天天　董维维　李　娜　陈雨溪　孙雪松　张云廷

　　本书中涉及的国家面积、人口等数据参考自中华人民共和国外交部网站2018年5月数据。

图书在版编目（CIP）数据

童眼识天下.认国旗 / 童心编. —北京：化学工业出版社，2018.6（2024.1重印）
ISBN 978-7-122-31961-6

Ⅰ.①童⋯　Ⅱ.①童⋯　Ⅲ.①常识课-学前教育-教学参考资料　Ⅳ.①G613

中国版本图书馆CIP数据核字（2018）第073816号

责任编辑：隋权玲　　　　　　　　　　　　　　　　　　装帧设计：尹琳琳
责任校对：宋　夏

出版发行：化学工业出版社（北京市东城区青年湖南街13号　邮政编码100011）
印　　装：北京宝隆世纪印刷有限公司
889mm×1194mm　1/24　印张4　2024年1月北京第1版第9次印刷

购书咨询：010-64518888　　　　　售后服务：010-64518899
网　　址：http://www.cip.com.cn
凡购买本书，如有缺损质量问题，本社销售中心负责调换。

定　　价：22.80元

国旗是主权国家的象征和标志。那是不是每个国家的国旗都不一样呢？答案是肯定的。一面国旗的样式、色彩以及图案，往往会反映出这个国家的政治特色、历史与文化传统。

颜色鲜红，在左上角，由 4 颗黄色小五角星环拱在 1 颗黄色大五角星旁边的是中国国旗；由 13 道红白相间的横条，与含有 50 颗小星星的蓝色长方形构成的，是美国国旗；俄罗斯国旗则是由白、蓝、红三种颜色，平行且相等的横长方形组成；英国国旗又叫"米字旗"，是由 1 个红色正十字和 2 个交叉十字构成的……

怎么样？看到这里是不是觉得大开眼界了呢？小朋友，如果你还想认识更多的国旗，从中领略世界各地的风光，那就翻开《认国旗》一书吧，知识马上属于你！

目 录
CONTENTS

中国　06

越南　08

韩国　10

日本　12

新加坡　14

印度　16

印度尼西亚　18

泰国　20

巴基斯坦　22

菲律宾　24

缅甸　26

柬埔寨　28

土耳其　30

蒙古　32

英国　34

法国　36

德国　38

俄罗斯　40

意大利　42

西班牙　44

希腊　46

	冰岛	48
	索马里	66
	阿根廷	84

	丹麦	50
	喀麦隆	68
	巴西	86

	荷兰	52
	尼日利亚	70
	秘鲁	88

	阿尔及利亚	54
	美国	72
	智利	90

	埃及	56
	加拿大	74
	哥伦比亚	92

	肯尼亚	58
	古巴	76
	澳大利亚	94

| | 南非 | 60 |
| | 巴拿马 | 78 |

| | 埃塞俄比亚 | 62 |
| | 墨西哥 | 80 |

| | 赞比亚 | 64 |
| | 委内瑞拉 | 82 |

中国

全称：中华人民共和国

首都：北京

面积：陆地面积约960万平方公里，内海和边海的水域面积约470多万平方公里

人口：13亿8516万（2016年）

货币：人民币

1. 国旗

2. 国徽

五星红旗自1949年10月1日起开始使用。旗面红色，象征革命；左上方缀五颗黄色五角星，大五角星代表中国共产党，四颗小五角星代表工人、农民、小资产阶级和民族资产阶级，四颗小五角星环拱于大五角星之右，并各有一个角尖正对着大五角星的中心点，象征中国共产党领导下的革命人民大团结和人民对党的拥护。

中间是五星照耀下的天安门，周围是谷穗和齿轮。天安门是"五四"运动的发源地，又是中华人民共和国成立时举行开国大典的场所，象征中国人民的革命传统和新中国的诞生；齿轮和谷穗象征着工人阶级和农民阶级；五颗星代表中国共产党领导下的中国人民大团结。

风俗一瞥

中国国土面积辽阔，民族众多，风俗各异，但每年的春节、元宵节、清明节、端午节、中秋节属于全民节日。每年春节，不论离家多远，中国人都想回家和家人一起吃团圆饭；元宵节吃汤圆；清明是缅怀先人，为逝去亲人扫墓的日子；端午节有吃粽子、赛龙舟的习俗；中秋节同是团圆节，有吃月饼赏月的习俗。

中国特产

水稻、茶叶、丝绸、瓷器等。

世界遗产

长城、北京故宫、甘肃敦煌莫高窟、陕西秦始皇陵及兵马俑、周口店北京人遗址、西藏布达拉宫、元上都遗址、山东泰山、安徽黄山等52处，位列世界第二。

越南

全称：越南社会主义共和国

首都：河内

面积：32.9556万平方公里

人口：9170万（2015年12月）

货币：越南盾

1. 国旗

2. 国徽

3. 国花

金星红旗自1955年11月30日开始采用。红色代表革命与胜利；五角金星象征越南劳动党对国家的领导；五角星的五个角分别代表农民、工人、士兵、知识分子和青年。

国徽为圆形、红底。五角星代表越南劳动党；稻穗和金色齿轮代表农民阶层及工人阶层；金色齿轮下方有越南文"越南社会主义共和国"。

莲花。越南人民把莲花看成是英雄和神佛的化身，视其为力量、光明、平安与吉祥的象征。

认国旗

风俗一瞥

　　越南人注重礼节，见面时通常行握手礼。他们穿着朴素，好嚼槟榔。越南的传统节日有春节、清明节、端午节、中秋节、重阳节、送灶王节等。越南也有十二生肖，只是没有"兔"，而有"猫"。

越南特产

　　菠萝蜜干、榴莲饼、绿豆糕、芭蕉干、红薯条、椰汁花生、咖啡等。

世界遗产

　　下龙湾、河内升龙皇城、顺化古建筑群、会安古镇、美山圣地等。

韩国

全称： 大韩民国

首都： 首尔

面积： 约10万平方公里

人口： 约5100万

货币： 韩元

1. 国旗

白色旗底象征韩国人民的纯洁与对和平的热爱；旗面正中央的太极象征宇宙，红色为阳，蓝色为阴；太极外有四个卦，分别代表天、地、水、火。

2. 国徽

白底象征和平与纯洁；黄色象征繁荣昌盛；阴阳图案寓意与国旗相同；木槿花由两条白色的饰带所环抱，饰带上文字为"大韩民国"。

3. 国花

木槿花，象征世世代代生生不息以及坚韧不拔的民族精神。韩国人也叫它"无穷花"。

风俗一瞥

　　韩国人热爱音乐和舞蹈，也非常喜欢民族戏剧，假面具被誉为韩国文化的象征。饮食上，韩国人酷爱泡菜，一日三餐饭桌上都少不了泡菜。

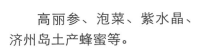

韩国特产

高丽参、泡菜、紫水晶、济州岛土产蜂蜜等。

世界遗产

首尔宗庙、海印寺、水原华城、昌德宫、庆州历史遗址区、济州火山岛和熔岩洞窟等。

日本

全称：日本国

首都：东京

面积：陆地面积约37.8万平方公里，包括北海道、本州、四国、九州四个大岛和其他6800多个小岛屿

人口：约1亿2699.5万（2016年7月）

货币：日元

1. 国旗

日章旗在日本国内常被称为"日之丸"，于1999年才被正式定为国旗。白色旗面，象征纯洁；红日象征真诚和热忱。

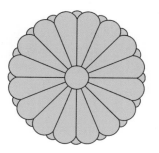

2. 国徽

由于日本法律没有确立正式的国徽，人们习惯用日本皇室的皇家徽记作为代表性徽章，图案为十六瓣八重表菊纹。

3. 国花

樱花，象征勤劳、勇敢、智慧，也表示以美的盛姿，去装点生命。

风俗一瞥

　　日本的新年是每年的1月1日，每到这天，日本人会举家到神社去参拜、祈福，还要吃青鱼子、黑豆等新年食物；他们还有新年守岁的习惯，新年前一晚快到12点时要吃年面，然后听寺院钟声。日本人十分注重礼仪，人与人见面和分别时一定要行鞠躬礼；到朋友家做客时一般都会携带礼物。

日本特产

　　日本娃娃、灯笼、漆器、陶器、炸猪排、和扇等。

世界遗产

　　法隆寺地域的佛教建筑物、富士山、严岛神殿、石见银山遗迹及其文化景观等。

新加坡

全称：新加坡共和国

首都：新加坡

面积：719.9平方公里（2017年）

人口：561万（2017年6月）

货币：新加坡元

1. 国旗

星月旗于1965年8月9日正式使用。红色代表平等与友谊；白色象征纯洁与美德；新月和五颗星的组合象征新加坡人民的团结互助精神。

2. 国徽

红盾左侧的狮子，象征新加坡；右侧的老虎，象征新加坡与马来西亚在历史上的联系；底部绶带上用马来文写着"前进吧，在新加坡"。

3. 国花

胡姬花，也称卓锦万代兰。此花清丽端庄、生命力顽强，新加坡人以此花作为他们的国花，寓意"卓越锦绣，万代不朽"。

风俗一瞥

新加坡有汉语、英语、马来语和泰米尔语四种官方语言，是一个多语言的国家，其中尤以汉语最为流行，因为新加坡人有70%以上是华人，他们都说汉语。新加坡人特别注重礼节礼貌，待人处事彬彬有礼。由于在新加坡的华侨较多，所以人们较喜欢红色、绿色，而且色彩想象力很丰富。

新加坡特产

猪肉干、鱼尾狮纪念品、蜡染制品、鳄鱼皮制品、镀金胡姬花等。

世界遗产

新加坡植物园等。

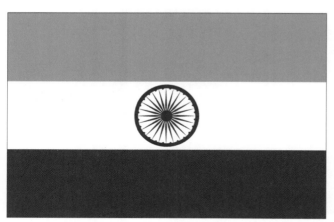

印度

全称：印度共和国

首都：新德里

面积：约298万平方公里（不包括中印边境印占区和克什米尔印度实际控制区等）

人口：12亿9500万（世界银行2014年统计数据）

货币：印度卢比

1. 国旗

橙色象征勇敢和献身精神；白色象征纯洁和真理；绿色表示生命和信心；白色长方形中央的蓝色法轮，代表神圣、真理、进步和永恒。

2. 国徽

狮子象征信心、勇气和力量；台基四周有四个守卫四方的守兽，东方是象，南方是马，西方是牛，北方是狮。

3. 国花

荷花。印度荷花主要有七种，所以又有"七宝莲花"之称。

风俗一瞥

认国旗

印度有些地区和信仰的男性有包头巾的习俗，头巾有各式各样的包裹方法。印度男性最喜欢的装扮是穿着一袭宽松的立领长衫，搭配窄脚的长裤。印度妇女的传统服饰是纱丽，以披裹的方式缠绕在身上。印度人吃饭采用"手抓饭"的方式。

印度特产

茶叶、咖喱、印度香、木雕、纱丽等。

世界遗产

阿格拉古堡、阿旃陀石窟群、埃洛拉石窟群、泰姬陵、默哈伯利布勒姆古迹群、科纳拉克太阳神庙、卡齐兰加国家公园等。

印度尼西亚

全称：印度尼西亚共和国

首都：雅加达

面积：1913578.68平方公里

人口：2亿5800万

货币：印度尼西亚盾

1. 国旗

2. 国徽

3. 国花

红色象征勇敢和正义，还象征印度尼西亚独立以后的繁荣昌盛；白色象征自由、公正、纯洁，同时表达了印度尼西亚人民反对侵略、爱好和平的美好愿望。

金色的飞鹰象征创造力；五角星代表宗教信仰；水牛头象征主权属于人民；榕树象征民族意识；棉桃和稻穗象征丰衣足食；金色饰环象征人道主义和世代相传；飞鹰双爪下绶带上的文字意为"殊途同归"。

毛茉莉。印度尼西亚人民将毛茉莉视若珍宝，几乎家家都有种植。

风俗一瞥

印度尼西亚人大多数信奉伊斯兰教，他们在进入圣地特别是进入清真寺时一定要脱鞋，穿着要庄重，不能穿短裤、无袖服、背心或裸露的衣服。

印度尼西亚特产

芒果、香蕉、山竹、手制蜡染布、工艺品、咖啡、香料等。

世界遗产

桑义兰早期人类遗址、苏门答腊热带雨林、乌戎库隆国家公园、科莫多国家公园、洛伦茨国家公园等。

泰国

全称：泰王国

首都：曼谷

面积：51.3万平方公里

人口：6740万

货币：泰铢

1. 国旗

红色代表民族，象征各族人民的力量与献身精神；红蓝之间的白色代表白象，象征对佛教的虔诚，泰国以佛教为国教；蓝色代表王室，其居中位置象征王室在各族人民和纯洁的宗教之中。

2. 国徽

泰国的国徽是一幅极富宗教神秘色彩的图腾图案。深红色的大鹏鸟是泰国民间传说中人身鸟翅形态的神灵。

3. 国花

金链花。树龄长且适宜在全泰国种植，黄色是佛教的象征，也是泰国国王普密蓬的吉祥色。

风俗一瞥

泰国有"白象王国"之称，因为人们很喜爱大象。每年为庆贺新年，泰国人会举行"赛象大会"，包括跳象拾物、象跨人身、人象拔河、大象足球赛、古代象阵表演等活动。

泰国特产

熏香、榴莲干、芒果干、凤梨干、咖喱粉等。

世界遗产

素可泰遗迹、班清考古遗址、大城历史遗迹公园、考艾国家公园、通艾纳黎萱野生动植物保护区等。

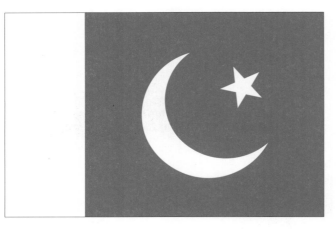

巴基斯坦

全称：巴基斯坦伊斯兰共和国

首都：伊斯兰堡

面积：79.6095万平方公里（不包括巴控克什米尔地区）

人口：2亿800万

货币：巴基斯坦卢比

1. 国旗

2. 国徽

3. 国花

白色竖长方形象征和平，代表国内信奉印度教、佛教、基督教、祆教的居民和其他少数民族；绿色象征繁荣；新月象征进步；五角星象征光明；新月和五角星还象征对伊斯兰教的信仰。

五角星和新月图案象征信仰伊斯兰教及光明和进步；中间是盾徽，盾面农作物象征立国之本；盾徽两侧饰以鲜花、绿叶，象征和平；盾徽下端写着"虔诚、统一、戒律"。

素馨花，在巴基斯坦随处可见。此花具有令人舒畅的香味，被巴基斯坦人奉为信仰的象征。

风俗一瞥

巴基斯坦人在过新年那天，喜欢带上红粉出门，在和亲友互贺"新喜"后，便会相互将红粉涂在对方额头上，以表示幸运吉祥，这种做法被称为"涂红新年"。

巴基斯坦特产

骆驼皮和鹿皮制品、地毯、缟玛瑙制品、银或黄铜工艺品等。

世界遗产

拉合尔古堡、夏利玛花园、塔克西拉等。

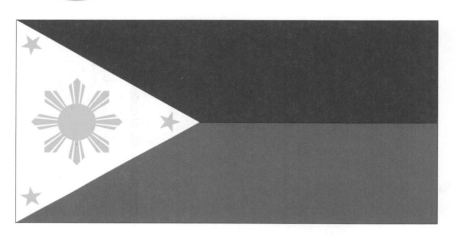

菲律宾

全称：菲律宾共和国

首都：马尼拉

面积：29.97万平方公里

人口：1亿98万（2015年8月）

货币：菲律宾比索

1. 国旗

2. 国徽

3. 国花

蓝色象征和平与正义；红色象征勇气；白色象征平等；太阳和光芒图案象征自由；八道较长光束代表最初起义争取民族解放和独立的八个省，其余光芒表示其他省；三颗五角星代表三大地区：吕宋、米沙鄢和棉兰老岛。

中间太阳放射光芒图案和三颗五角星，寓意同国旗；狮子和鹰象征摆脱殖民统治、获得独立的历史进程；盾徽下面写着"菲律宾共和国"。

茉莉花。在菲律宾人民心目中，茉莉花是纯洁、热情的象征，是爱情之花、友谊之花。

风俗一瞥

　　菲律宾人的主食有大米、玉米等。农民往往在煮饭前才舂米，把米放在瓦缸或竹筒里煮熟后，用手抓着吃。另外，菲律宾人喜欢嚼槟榔。

菲律宾特产

　　芒果、香蕉、雪茄和贝壳、木雕等手工艺品等。

世界遗产

　　图巴塔哈礁自然公园、巴洛克教堂、科迪勒拉水稻梯田、普林塞萨港地下河国家公园、维甘历史古城等。

缅甸

全称：缅甸联邦共和国

首都：内比都

面积：67.6578万平方公里

人口：约5390万（2015年）

货币：缅元

1. 国旗

黄色象征团结；绿色象征和平、安宁，也代表青葱翠绿的国家；红色象征勇敢和决心；白色五角星代表联邦永久长存。

2. 国徽

国徽中间为缅甸版图置于橄榄枝中间，两头圣狮为守护兽；两者之间为花卉状图案；顶端是象征独立的五角星；下方是绶带，写着"缅甸联邦共和国"。

3. 国花

龙船花。缅甸的依思特哈族人有一种特别浪漫而有趣的婚姻习俗，有女儿的人家会用龙船花制作浮动的"小花园"送嫁。

风俗一瞥

认国旗

受佛教思想的影响，缅甸人习惯去帮助有困难的人。在缅甸，几乎天天有人募捐或施舍，施舍已成为缅甸人的一种习惯。缅甸有爱护动物的习俗，大街小巷，常可见到各种鸟在自由追逐；在闹市遇上"神牛"，行人和车辆都要回避让路。

缅甸特产

木雕、珠宝、玉石、藤制品、珍珠等。

世界遗产

骠国古城遗址等。

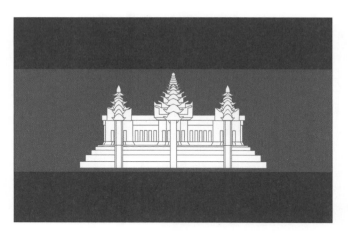

柬埔寨

全称：柬埔寨王国

首都：金边

面积：约18万平方公里

人口：约1500万

货币：瑞尔

1. 国旗

旗面红色的色条代表自由奋斗的民族；蓝色的色条代表王室；中间为白色的吴哥窟，吴哥窟象征高棉文化，白色代表佛教。国旗契合柬埔寨的国家铭言：民族、信仰、国王。

2. 国徽

整个图案象征柬埔寨王国在国王的领导下，是一个统一、完整、团结、幸福的国家。

3. 国花

隆都花。隆都花是一种木兰目、番荔枝科的乔木，在柬埔寨几乎无处不在，花很香，也有人将其翻译成木莲。

风俗一瞥

柬埔寨是一个信仰佛教的国家，90%的柬埔寨人都是佛教徒。柬埔寨人的手势语言很丰富，在一些舞蹈中，五指伸直并拢表示"胜利"；五指攥成拳头表示"愤怒"；四指并拢，拇指弯向掌心，表示"惊奇""忧伤"。

柬埔寨特产

红宝石、棕糖、水布、银饰品、香料、小鱼干、木雕等。

世界遗产

吴哥古迹、帕威夏寺等。

土耳其

全称：土耳其共和国

首都：安卡拉

面积：78.36万平方公里

人口：8081万（2018年）

货币：土耳其里拉

1. 国旗

2. 国徽

3. 国花

红色象征鲜血和胜利；一弯新月和一颗白色五角星，象征驱走黑暗迎来光明，还标志着土耳其人民对伊斯兰教的信仰，也象征幸福和吉祥。

土耳其没有官方的国徽，由一个有很多政府机构使用的标志代替。

郁金香。土耳其比荷兰更早将郁金香作为国花，郁金香的生物学名就是来自土耳其语。

 **风俗一瞥**

认国旗

土耳其的洗浴文化闻名世界。土耳其人一般都带一个丰盛的食品盒进浴室，沐浴后，朋友间会边吃边聊，一般会持续9个小时。土耳其人十分好客，亲友相见时会亲脸颊，并且不停问好。

土耳其特产

地毯、海泡石、猫眼石、陶瓷器、黄铜器皿等。

世界遗产

伊斯坦布尔历史区、特洛伊考古遗址、赫拉波利斯和帕穆克卡莱、桑索斯和莱顿遗址等。

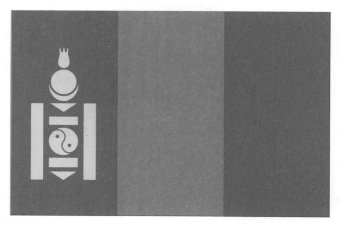

蒙古

全称：蒙古国
首都：乌兰巴托
面积：156.65万平方公里
人口：约312万（2016年12月）
货币：图格里克

1. 国旗

旗面红色代表进步与繁荣；蓝色代表永恒的蓝天；左边红条上有一个黄色的索永布，索永布是蒙古民族一个古老的图案，象征自由与独立。

2. 国徽

外环是"万"字，上为三宝，中为背负索永布的风马，下为青山、法轮、哈达和莲座，代表蒙古人民的宗教信仰是藏传佛教；顶端是三宝，代表蒙古国土上丰富的宝藏。

3. 国花

翠雀花。自古以来翠雀花被蒙古人视为和平与安宁的象征，具有"供品花"的美称。

风俗一瞥

　　蒙古牧民有一种日常见面礼是敬献鼻烟壶，他们相信鼻烟壶能为主人防病。鼻烟是把优质的烟草研磨成极细的粉末，再加入磨成粉末的名贵药材，一起装入密封的容器内蜡封很久制成的。蒙古国的哈萨克族擅长狩猎，也擅长驯服猎鹰，至今仍保持着驯鹰和狩猎传统，每年都会举办猎鹰节。

蒙古特产

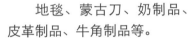

地毯、蒙古刀、奶制品、皮革制品、牛角制品等。

世界遗产

鄂尔浑峡谷文化景观、民族节日那达慕、呼麦艺术、马头琴传统艺术等。

英国

全称：大不列颠及北爱尔兰联合王国

首都：伦敦

面积：24.41万平方公里（包括内陆水域）

人口：6605万（2017年）

货币：英镑

1. 国旗

旗中带白边的红色正十字代表英格兰守护神圣乔治，白色交叉十字代表苏格兰守护神圣安德鲁，红色交叉十字代表爱尔兰守护神圣帕特里克。

2. 国徽

中心图案是盾徽，盾面金狮分别象征英格兰和苏格兰；竖琴象征北爱尔兰；盾徽两侧分别由一只头戴王冠、代表英格兰的狮子和一只代表苏格兰的独角兽支扶着；盾徽周围是嘉德勋章，用法文写着一句格言，意为"心怀邪念者可耻"；下端悬挂饰带上写着"天有上帝，我有权利"。

3. 国花

玫瑰。白心红玫瑰是英格兰的象征，也逐渐成为了英国的象征。

风俗一瞥

在礼仪方面，英国有自己的特点。如果去英国人家中做客，早到会被认为是不礼貌的，一般最好的方式是准时赴约、餐后1小时告别。赴约时要带一些小礼物。英国绅士全世界闻名，勇气、礼貌、担当的"绅士道"是英国精神的核心。

英国特产

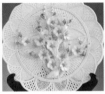

苏格兰威士忌、银器、威治活陶瓷器、英国红茶、雪利酒、皮革制品等。

世界遗产

巨石阵、埃夫伯里及周围的巨石遗迹；"巨人之路"及其海岸；圣基尔达岛；享德森岛；乔治铁桥区；伦敦塔等。

法国

全称：法兰西共和国

首都：巴黎

面积：55万平方公里（不含海外领地）

人口：6719万（2018年1月，含海外领地），
其中本土人口6502万

货币：欧元

1. 国旗

2. 国徽

3. 国花

来源于法国资产阶级革命时期，白色代表国王，居中象征国王的神圣地位；红、蓝两色代表巴黎市民；同时这三色又象征法国王室和巴黎资产阶级联盟，也代表自由、平等、博爱。

法国没有正式国徽，但传统上采用大革命时期的纹章作为国家的标志。束棒象征权威；橄榄枝和橡树枝叶间缠绕的饰带上用法文写着"自由、平等、博爱"。

香根鸢尾。寓意有三种说法：象征古代法国王室的权力，象征宗教，象征光明和自由。

风俗一瞥

　　法国人在社交场合与客人见面时，一般习惯行握手礼，女性也常行屈膝礼。男女之间或女士之间见面时，还常以亲面颊或贴面来代替握手礼。法国人视鲜艳色彩为高贵，视马为勇敢的象征，认为蓝色代表宁静和忠诚，粉红色代表积极向上。

法国特产

　　香槟、香水、芝士、黑松露、葡萄酒等。

世界遗产

　　塞纳河畔、凡尔赛宫、亚眠大教堂、兰斯大教堂、圣雷米修道院、圣安东尼十字宫、勒阿弗尔城等。

德国

全称： 德意志联邦共和国

首都： 柏林

面积： 35.7376万平方公里

人口： 8257.7万（2017年3月）

货币： 欧元

1. 国旗

旗面自上而下由黑、红、黄三个平行相等的横长方形相连而成。黑色象征勤勉与力量，红色象征国民的热情，黄色代表重视荣誉。

2. 国徽

金黄色盾面上是一头红爪红嘴、羽翼展开的黑鹰，黑鹰象征着勇气；黑色代表勤勉与力量；红色象征国民的热情；金色则代表重视荣誉。

3. 国花

矢车菊。此花象征日耳曼民族爱国、乐观、顽强、俭朴的特征，并有吉祥之兆。

风俗一瞥

　　德国人喜欢喝酒是世界有名的，他们有个规矩，吃饭时应先喝啤酒，再喝葡萄酒，如果反过来则被认为是有损健康的。德国有的地区的服饰很有特点，比如男性习惯佩戴小呢帽，帽上插一支羽毛。

德国特产

　　啤酒、香肠、姜饼、黄牛、米黄、葡萄酒等。

世界遗产

　　柏林墙、亚琛大教堂、施佩耶尔大教堂、维尔茨堡宫、宫廷花园和广场、维斯朝圣教堂等。

俄罗斯

全称：俄罗斯联邦

首都：莫斯科

面积：1709.82万平方公里

人口：约1亿4600万

货币：卢布

1. 国旗

白色代表寒带一年四季白雪茫茫的自然景观；蓝色代表亚寒带，又象征丰富的地下矿藏和森林、水力等自然资源；红色代表温带，也象征俄罗斯悠久的历史和对人类文明的贡献。

2. 国徽

红色盾面上为金色双头鹰，鹰头上是彼得大帝的皇冠，鹰爪抓着象征皇权的权杖和金球。

3. 国花

向日葵，代表光明，象征给人带来美好的希望。

认国旗

风俗一瞥

俄罗斯一年中最热闹的节日是谢肉节，又名"送冬节"，举办谢肉节的时间在复活节过后的第八周，一共有七天。在谢肉节期间，人们会举行各种娱乐活动，比如化装晚会，跳假面舞等。俄罗斯人热情好客，贵客来时会献上面包和盐，食用时用面包蘸盐。

俄罗斯特产

套娃、伏特加酒、鱼子酱、锡器工艺品等。

世界遗产

圣彼得堡历史中心及相关古迹组群、日岛珀构斯特、莫斯科的克里姆林宫和红场等。

意大利

全称： 意大利共和国

首都： 罗马

面积： 30.1333万平方公里

人口： 6080万

货币： 欧元

1. 国旗

2. 国徽

3. 国花

1946年意大利共和国建立，正式规定绿、白、红三色旗为共和国国旗。绿、白、红三色象征着希望、信念和仁慈。

五角星象征意大利共和国；大齿轮象征劳动者；橄榄和橡树叶象征和平与强盛；底部红色绶带上用意大利文写着"意大利共和国"。

雏菊。在意大利人看来，雏菊兼具君子风度与天真烂漫的风采。

风俗一瞥

意大利人热情好客，待人接物彬彬有礼。在正式场合，意大利人的穿着十分讲究；见面时习惯握手或招手；对长辈、有地位和不太熟悉的人，要称呼他的姓，加上"先生""太太""小姐"和荣誉职称；在就餐、乘车、乘电梯等情况下，男士都会让女士先行。

意大利特产

橄榄油、冰激凌、奶酪、巧克力、葡萄红琴酒等。

世界遗产

罗马历史中心、圣玛丽亚感恩教堂、佛罗伦萨历史中心、威尼斯及泻湖等。

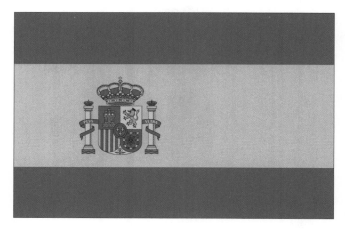

西班牙

全称： 西班牙王国

首都： 马德里

面积： 50.6万平方公里

人口： 4654万

货币： 欧元

1. 国旗

红、黄两色是西班牙人民喜爱的传统颜色，分别代表组成西班牙的四个古老王国；中间黄色部分的左侧绘有国徽。

2. 国徽

中心图案为盾徽，金百合花象征波旁·卡佩家族的统治，大王冠象征国家权力。

3. 国花

石榴花。在西班牙传说中，石榴花是痴情的玉晶公主的眼泪所化，西班牙姑娘们十分同情这位爱上平民的公主，就在全国各地种上了石榴花。

风俗一瞥

　　西班牙的斗牛表演非常出名，国内有300多个斗牛场，有些时候天天都有斗牛比赛。西班牙人在正式社交场合与客人相见时，通常行握手礼，与熟人相见时，男性之间常紧紧地拥抱。

西班牙特产

橄榄油、雪利酒、葡萄酒、利比里亚火腿、皮革制品等。

世界遗产

布尔戈斯大教堂、阿尔汗布拉宫、埃斯库利亚尔修道院、巴塞罗那的奎尔公园等。

希腊

全称：希腊共和国

首都：雅典

面积：13.1957万平方公里

人口：1079万

货币：欧元

1. 国旗

旗面上九道宽条表示"不自由毋宁死"，这句格言在希腊文中共有九个音节；蓝色代表蓝天；白色代表希腊人对东正教的信仰。

2. 国徽

绿色橄榄枝环绕着一枚蓝底的白色十字盾徽，蓝白两色象征着天水之间的这块净土。

3. 国花

橄榄花。传说橄榄是希腊人最崇拜的女神雅典娜所种植，因此，希腊人把橄榄视为和平与智慧的象征。

风俗一瞥

认国旗

希腊人对其丰富多彩的历史、古迹、哲学、艺术、政治等，感到十分骄傲，因此对同样具有悠久历史的中国人颇有好感。一般来说，在社交场合与客人相见时，希腊人以握手为礼。在路上与他人相遇时，即便素不相识，也会向对方问候，以示友好。

希腊特产

小麦、玉米、烟草、干果、电子产品、纺织品、船舶等。

世界遗产

雅典卫城、克诺索斯王宫遗址、埃皮达鲁斯古城考古遗址、奥林匹亚考古遗址等。

冰岛

全称：冰岛共和国

首都：雷克雅未克

面积：10.3万平方公里

人口：33.8万（2018年2月）

货币：冰岛克朗

1. 国旗

蓝色代表海水，白色代表冰岛的雪原与冰河，红色代表冰岛的火山和地热。蓝、白两色为冰岛的国色。

2. 国徽

中心图案为绘有国旗图案的盾徽，隼、龙、牛和老人都是冰岛传说中保护冰岛四角的守护神；盾徽下端的石块代表冰岛多岩石的漫长海岸。

3. 国花

三色堇。三色堇又被称作蝴蝶花、鬼脸花、猫脸花、人面花等。

风俗一瞥

冰岛人性格直爽，对人友善。冰岛人的时间观念强，和朋友会面之前一般会预约。当地有一个奇特的节日，即帐篷节，每逢节日期间，全国休息两天，各家各户便带着帐篷、开着房车到郊外指定地点去搭帐篷。

冰岛特产

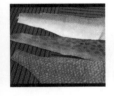 

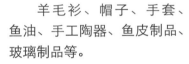

羊毛衫、帽子、手套、鱼油、手工陶器、鱼皮制品、玻璃制品等。

世界遗产

辛格韦德利国家公园。

丹麦

全称：丹麦王国

首都：哥本哈根

面积：43096平方公里（不包括格陵兰和法罗群岛）

人口：572万（2016年7月）

货币：丹麦克朗

1. 国旗

据丹麦史诗记载，丹麦国王瓦尔德玛·维克托里斯率军出战曾陷入困境，一面带有白色十字的红旗从天而降，丹麦军队受鼓舞转败为胜。此后，白色十字的红旗就成为丹麦的国旗。

2. 国徽

盾徽。盾面上有三只蓝色雄狮和九颗红心，狮子和红心象征勇敢、忠诚、善良；盾上端的华丽王冠，象征丹麦是一个古老的王国。

3. 国花

冬青、木春菊。冬青朴实，不畏严寒。木春菊因为盛花期在冬春之际，而老株茎部会渐渐趋于木质化，故被称为"木春菊"。冬青和木春菊都象征着丹麦民族生生不息。

风俗一瞥

　　丹麦人生性乐观，善于结交异国朋友，并与其友好相处。这里没有种族歧视和民族矛盾。丹麦人做事有条理，到朋友家做客时，一般会在约定时间的15分钟前到达，并给主人送上一束鲜花或是巧克力、酒等小礼物。

丹麦特产

　　啤酒、花果茶、曲奇、银制品、茶具等。

世界遗产

　　克里斯钦费尔德、克里斯钦五世国王森林、耶林石碑及其教堂遗址、罗斯基勒大教堂等。

荷兰

全称： 荷兰王国
首都： 阿姆斯特丹
面积： 41528平方公里
人口： 1720万（荷兰统计局，2017年）
货币： 欧元

1. 国旗

2. 国徽

3. 国花

　　蓝色表示国家面临海洋，象征人民的幸福；白色象征自由、平等、民主，还代表人民纯朴的性格特点；红色代表革命胜利。

　　盾徽顶部的王冠象征着国王权力；蓝色盾面上的狮子，一爪握着银色罗马剑，一爪抓着一捆箭，象征团结就是力量；下方写着誓言"坚持不懈"。

　　郁金香。16世纪由园丁克卢修斯从土耳其带回荷兰，后来便成了荷兰的国花。

**风俗一瞥**

**认国旗**

荷兰王国大部分是荷兰族人，他们的传统婚俗十分奇特，当家中的女儿到了待嫁年龄时，父母就会在女儿的窗台上摆放一盆鲜艳的玫瑰花，青年男子看到后就知道可以上门求亲了。男女青年订婚时，男方要送给女方一双木头鞋，以期待美好的未来。

**荷兰特产**

风车、郁金香、木鞋、奶酪等。

**世界遗产**

斯霍克兰低地、阿姆斯特丹防线、小孩儿堤防风车群、贝姆斯特圩田等。

53

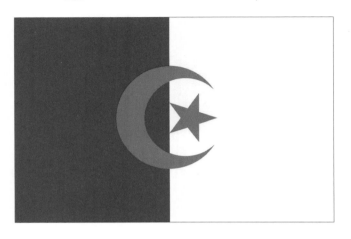

阿尔及利亚

全称： 阿尔及利亚民主人民共和国
首都： 阿尔及尔
面积： 238万平方公里
人口： 4080万（2016年）
货币： 阿尔及利亚第纳尔

1. 国旗

2. 国徽

3. 国花

绿色象征未来的希望；白色代表纯洁与和平；红色象征革命和为理想而奋斗的献身精神；五角星和新月则代表这是一个伊斯兰国家。

新月和五角星上是一只法蒂玛手掌，象征幸福吉祥；山峦起伏图案象征横亘该国北部的山脉；山脉上太阳冉冉升起，象征国家独立和对未来充满希望；国徽周围是用阿拉伯文书写的"阿尔及利亚民主人民共和国"。

澳洲夹竹桃和德国鸢尾。夹竹桃疏叶青青，不惧风霜，且烂漫芬芳，妩媚可爱。鸢尾花花形似翩翩起舞的蝴蝶，深受阿尔及利亚人民的喜爱。

风俗一瞥

阿尔及利亚人喜欢并擅长舞蹈，他们的舞蹈一般多带戏剧情节，人们喜欢边歌边舞。阿尔及利亚人信奉伊斯兰教，图阿雷格人男子到了25岁左右，就要将全身用布遮住，只露出双眼，行动需要更加谨慎，但妇女则不带面纱，而且出入自由。阿尔及利亚人喜欢在秋天举行婚礼，当地人称秋天为"婚礼季节"，婚礼不仅场面热烈隆重，而且持续时间很长。

阿尔及利亚特产

红珊瑚、葡萄酒、橄榄油、椰枣等。

世界遗产

提帕萨考古遗址、阿尔及尔堡、贾米拉古罗马遗址、贝尼哈迈德城堡等。

埃及

全称： 阿拉伯埃及共和国

首都： 开罗

面积： 100.1万平方公里

人口： 1亿450万（2018年2月）

货币： 埃及镑

1. 国旗

2. 国徽

3. 国花

旗面自上而下由红、白、黑三色组成，白色部分中间有国徽图案。红色象征革命，白色象征纯洁和光明前途，黑色象征埃及过去的黑暗岁月。

萨拉丁雄鹰象征胜利、勇敢和忠诚；底部座基饰带上写着"阿拉伯埃及共和国"。

睡莲。睡莲有特殊的清香，在宗教上被视为圣洁的象征。

风俗一瞥

　　埃及人传统的"主麻日聚礼"是每周五，当清真寺内传出悠扬的唤礼声，伊斯兰教教徒便纷纷涌向附近的清真寺集体礼拜。

埃及特产

　　纸莎草画、圣甲虫饰物、水烟袋、金字塔模型等。

世界遗产

　　孟菲斯及其墓地金字塔、底比斯古城及其墓地、阿布辛拜勒至菲莱的努比亚遗址等。

肯尼亚

全称：肯尼亚共和国

首都：内罗毕

面积：58.2646万平方公里

人口：4970万（2017年）

货币：肯尼亚先令

1. 国旗

2. 国徽

3. 国花

黑色象征肯尼亚人民，红色象征为自由而斗争，绿色象征农业和自然资源，白色象征统一与和平，中央的矛和盾图案象征祖国统一和为捍卫自由而斗争。

图案下方山峰象征基里尼亚加峰；山峰上的图案象征丰富的农产品；握斧的雄鸡象征人民的繁荣生活；两只雄狮象征力量；国徽下方写有"共处"字样，表达了肯尼亚人民热爱和平、友爱、自由和平等相处的愿望。

肯山兰。肯尼亚人民十分热爱肯山兰，此花象征着人民的生活会越来越好。

风俗一瞥

肯尼亚人普遍喜爱动物，妇女喜欢兽状装饰物，商店、旅馆、团体组织也喜欢用动物命名。

肯尼亚特产

世界遗产

咖啡豆、东非木雕、红茶、手工编织品等。

东非大裂谷的湖泊系统、耶稣堡等。

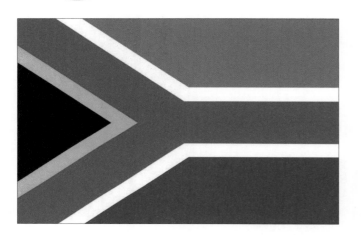

南非

全称：南非共和国

首都：比勒陀利亚（行政首都）、开普敦（立法首都）、布隆方丹（司法首都）

面积：121.909万平方公里

人口：5652万（南非统计局2017年年中统计数字）

货币：兰特

1. 国旗

旗面由黑、黄、绿、红、白、蓝六种颜色组成，呈Y形，象征种族和解、民族团结。

2. 国徽

太阳象征光明的前程；展翅的鹭鹰是上帝的代表，象征防卫的力量；万花筒般的图案象征美丽的国土、非洲的复兴以及力量的集合；麦穗象征富饶、成长和发展的潜力；象牙象征智慧、力量和永恒；长矛和圆木头象征权力和国防；两侧象牙之间的文字是"多样化的民族团结起来"。

3. 国花

帝王花，灌木，又名菩提花，俗称木百合花或龙眼花。

风俗一瞥

认国旗

南非社会有两套礼仪规范，白人的礼仪以英式为主，见面时行握手礼；黑人部族则习惯赠鸵鸟毛或孔雀毛给贵宾，客人们接受礼物后应该插在自己的帽子上或头发上。南非白人平日多吃西餐，爱喝咖啡、红茶，而黑人则常用牛奶、羊奶或自制的啤酒招待客人。

南非特产

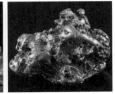

路依保斯茶、红酒、钻石、黄金、非洲木雕等。

世界遗产

罗本岛、圣卢西亚湿地公园、开普植物王国、弗里德堡陨石坑等。

埃塞俄比亚

全称： 埃塞俄比亚联邦民主共和国

首都： 亚的斯亚贝巴

面积： 110.36万平方公里

人口： 1.05亿

货币： 埃塞俄比亚比尔

1. 国旗

绿色代表肥沃的土地、温和的气候和丰富的植物资源，还象征对未来的希望；黄色象征和平与博爱，也代表人民建设国家的决心；红色象征人民为保卫祖国随时准备流血牺牲。

2. 国徽

蓝色象征和平；五角星代表多样与统一；光芒象征繁荣、昌盛；国徽整体象征国家的希望和民族性，也象征各宗教族群的平等、团结以及和谐相处。

3. 国花

马蹄莲，其花语是"忠贞不渝，永结同心"。埃塞俄比亚人将其视为：纯真、朴实、素洁之花。

风俗一瞥

埃塞俄比亚人普遍早婚，农村男女很多刚过十岁就结婚，而婚姻多由家长做主，而且还有抢婚的习俗。婚礼当天，新郎带着一些人到新娘家，用一块布将新娘从头到脚蒙上，然后背起新娘就往婆家跑，从始至终，新娘的脚都不沾地。

埃塞俄比亚特产

咖啡、黑木、三色银、传统工艺品等。

世界遗产

瑟门国家公园、拉利贝拉教堂、阿瓦什河谷、哈勒尔设防城、蒂亚、奥莫河谷等。

赞比亚

全称： 赞比亚共和国
首都： 卢萨卡
面积： 75.2614万平方公里
人口： 1621万（2015年）
货币： 克瓦查

1. 国旗

2. 国徽

3. 国花

启用于1964年10月24日，1996年稍作修改，旗面绿色象征国家的自然资源；红色象征为自由而斗争；黑色代表赞比亚人；橙色象征国家的矿藏；雄鹰象征赞比亚的独立、自由。

黑白相间的波纹象征著名的莫西奥图尼亚瀑布；男子和女子象征非洲黑人的兄弟家庭；锄头和镐象征农民和矿工；雄鹰象征赞比亚的独立、自由和国家有能力解决面临的问题；绿地象征肥沃的土地；矿井和斑马象征该国丰富的自然资源；底部的绶带上用英文写着"一个赞比亚，一个国家"。

三角梅。三角梅是一种常绿攀援状灌木，花朵小巧而美丽。

风俗一瞥

　　赞比亚人最喜爱的传统娱乐方式就是跳舞。赞比亚人在与客人相互问候时，习惯将手掌绕着对方的大拇指紧握两三下。女性行握手礼时，习惯用左手托着右手。

赞比亚特产

　　绿宝石、铜、钴、坦桑蓝宝石、黑木雕刻等。

世界遗产

　　维多利亚瀑布等。

索马里

全称：索马里联邦共和国
首都：摩加迪沙
面积：63.766万平方公里
人口：1430万（2016年）
货币：索马里先令

1. 国旗

启用于1954年10月12日。旗底为浅蓝色，正中一颗白色五角星，象征非洲的自由和独立。

2. 国徽

王冠象征独立和主权，非洲豹象征威严、勇敢、坚强和力量，长矛体现了为捍卫国家主权不惜动用武力的决心。

风俗一瞥

　　索马里是世界上骆驼最多的国家，素有"骆驼王国"之称，骆驼可以运货、驮人，骆驼奶是生活在沙漠地带的牧民的主要食物，所以人们在日常问候的时候常常会加一句"骆驼怎么样啦"。

索马里特产

　　香蕉、乳香、没药、葡萄酒、木雕等。

世界遗产

　　柏培拉、索马里兰、森布斯海滩等。

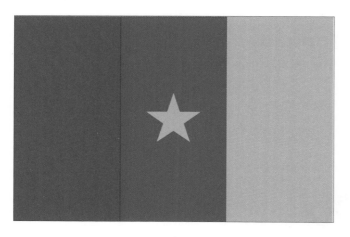

喀麦隆

全称：喀麦隆共和国

首都：雅温得

面积：47.5442万平方公里

人口：2330万（2015年）

货币：中非法郎

1. 国旗

2. 国徽

3. 国花

绿色象征南部赤道雨林的热带植物及喀麦隆人民对未来幸福的希望；黄色象征北部草原和矿产资源，也象征给人民带来幸福的太阳光辉；红色象征联合统一的力量；五角星象征国家统一。

中央的红色是喀麦隆火山的标志；利剑和天平象征政治平等和团结；一颗五角星象征喀麦隆是一个统一的国家；金色束棒象征权威；国徽上端的绶带写着"和平、劳动、祖国"，下端的绶带上写着"喀麦隆共和国"。

火焰树花。火焰树花朵硕大，深红色的花瓣边缘有一圈金黄色的花纹，异常绚丽。

风俗一瞥

喀麦隆有"小非洲"之称，这里有沙漠、海滩、草原、农田，几乎非洲所有的植物和动物都在这里生长。喀麦隆人讲究餐桌礼仪，吃饭时一般不会用刀叉，而是用手抓饭。

喀麦隆特产

芒果、木雕、面具、皮具、毛皮、本地织物等。

世界遗产

德贾动物保护区、流经三国的桑加河（与刚果、中非共和国共有）。

尼日利亚

全称：尼日利亚联邦共和国

首都：阿布贾

面积：92.3768万平方公里

人口：1亿9000万

货币：奈拉

1. 国旗

绿色象征农业，白色象征和平与统一。

2. 国徽

鹰和马象征尊严和力量；黄色饰带上写着"团结与信心，和平与进步"。

3. 国花

长绒棉，也叫细绒棉，欧洲人称它是"太阳的孩子"。

风俗一瞥

尼日利亚人最爱食用传统的"五色板"，即用黄色的玉米面、浅黄色的本薯面、咖啡色的豆类面、绿色的蔬菜、红色的西红柿混合在一起烧制而成的糕状或糊状食物。

尼日利亚特产

石油、木雕、蝴蝶画、民族服装、野生蜂蜜等。

世界遗产

阿达玛瓦州宿库卢文化地貌、奥逊·奥索博神树林等。

美国

全称：美利坚合众国

首都：华盛顿哥伦比亚特区

面积：937万平方公里

人口：3.27亿（截至2018年3月）

货币：美元

1. 国旗

　　红色象征强大和勇气，白色代表纯洁和清白，蓝色象征警惕、坚韧不拔和正义，十三道宽条代表最早发动独立战争并取得胜利的十三个州，五十颗五角星代表美国的州数。

2. 国徽

　　白头海雕是力量、勇气、自由以及不朽的象征，盾面寓意同国旗。

3. 国花

　　玫瑰花。玫瑰花象征着美丽、芬芳、热忱和爱情，1985年经参议院通过定为国花。

风俗一瞥

　　美国人有一个社交习惯，就是说话时往往会做手势。在聊天中，他们可能会拍拍对方的肩膀以示友好，或者轻拍小孩的脑袋以示喜爱。美国从无筑墙之城，美国在初期居民很少，所以邻居非常重要，不能把他们摒诸门墙之外；在艰苦创业时，邻居会提供保护和帮忙，他们彼此守望相助，所以美国人十分注重邻里关系。

美国特产

　　甜玉米、新奇士橙、蔓越梅、加州红提、康科特葡萄等。

世界遗产

　　黄石国家公园、自由女神像、夏威夷火山国家公园、圣安东尼奥教堂等。

加拿大

全称：加拿大

首都：渥太华

面积：998万平方公里

人口：3689万（2017年10月）

货币：加拿大元

1. 国旗

2. 国徽

3. 国花

枫叶是加拿大民族的象征，枫叶11个角代表着加拿大的7个省和4个自治州，两侧的红色分别代表太平洋和大西洋，白色正方形代表辽阔的国土。

三头金色的狮子，一头直立的红狮，一把竖琴和三朵百合花，分别象征加拿大在历史上与英格兰、苏格兰、爱尔兰和法国之间的联系；顶端王冠，象征女王是加拿大的国家元首；底端的绶带上用拉丁文写着"从海到海"，表示加拿大的地理位置——西濒太平洋，东临大西洋。

糖槭树花。糖槭树是枫树的一种，又叫糖枫。加拿大以枫树为国树，枫林遍及全国，素有"枫叶国"之美誉。

风俗一瞥

三月枫糖节是加拿大的重要节日，人们载歌载舞，品尝枫糖糕和太妃糖。加拿大人聊天时，喜欢谈天气、经济、体育、旅游等，而忌讳询问年龄、收入、家庭状况等私人问题。

加拿大特产

冰酒、花旗参、龙虾油、枫糖、三文鱼、熏鲑鱼等。

世界遗产

恐龙公园、野牛跳崖处、里多运河、魁北克古城区、卢嫩堡古城等。

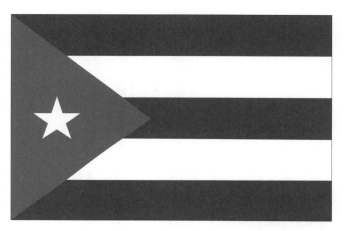

古巴

全称：古巴共和国

首都：哈瓦那

面积：10.9884万平方公里

人口：1123.9万（2016年）

货币：古巴比索

1. 国旗

三角形和五角星象征自由、平等、博爱和爱国者的鲜血；三道蓝色宽条表示未来的共和国将分成东、西、中三个州；白条表示古巴人民在独立战争中怀着纯洁的目的。

2. 国徽

盾徽上束棒象征权威；束棒之上的"自由之帽"表示争取自由、为自由而斗争。

3. 国花

姜花。古巴人认为姜花象征着纯朴，他们十分喜爱这种花。

风俗一瞥

古巴人能歌善舞，他们的舞蹈热情奔放。在饮食上，古巴人喜欢颜色鲜艳的菜肴。每年除夕，古巴人都会准备一碗清水，待新年钟声响起时，他们就把清水送到室外去，以表示去旧迎新。

认国旗

古巴特产

雪茄、糖、咖啡豆、朗姆酒等。

世界遗产

哈瓦那古城及防御工事、西恩富戈斯历史中心、智慧谷、圣佩德罗·德拉罗卡城堡等。

巴拿马

全称：巴拿马共和国

首都：巴拿马城

面积：7.55万平方公里

人口：407万（2017年）

货币：巴波亚

1. 国旗

2. 国徽

3. 国花

蓝色和红色分别代表巴拿马的自由党和保守党，白色则代表两党团结互助，蓝五角星代表忠诚和廉洁，红五角星代表法律的权威，分隔成四块代表巴拿马位于四个地域的交界处。

国徽中间是咖啡色的巴拿马地峡；明月象征独立，铲子、铁锤代表劳动，羊角和飞轮象征繁荣和进步，国徽上一只褐色雄鹰衔着一条写有巴拿马格言"为了世界的利益"的白色飘带。

长花序兰花，这种兰花分布在中美洲至厄瓜多尔及委内瑞拉，为濒危物种，禁止买卖。

风俗一瞥

巴拿马人热情好客。在正式社交场合，巴拿马人同宾客见面时常行握手礼；而亲朋好友见面时常行拥抱礼；在街头遇见熟人时，则以点头为礼。

巴拿马特产

草帽、咖啡、雪茄、蝴蝶标本等。

世界遗产

友谊国家公园、波托韦洛防御工事、圣洛伦索防御工事、巴拿马城历史区等。

墨西哥

全称： 墨西哥合众国

首都： 墨西哥城

面积： 196.4375平方公里

人口： 1.28亿（2016年）

货币： 墨西哥比索

1. 国旗

2. 国徽

3. 国花

旗面从左至右由绿、白、红三个竖长方形组成，白色部分中央绘有墨西哥国徽。绿色象征独立和希望，白色象征和平与宗教信仰，红色象征国家的统一。

鹰叼着蛇站在仙人掌上，代表墨西哥人的祖先阿兹特克人建国的历史；仙人掌是墨西哥的国花，象征着墨西哥民族及其顽强的斗争精神；图案中下方为橡树和月桂树枝叶，象征力量、忠诚与和平。

仙人掌、大丽菊。仙人掌具观赏、药用及食用等价值；大丽菊色彩瑰丽多彩，惹人喜爱。

风俗一瞥

　　墨西哥人对玉米有着深厚的感情，能用玉米做出面包、饼干、冰激凌、糖、酒等各种美味。墨西哥人还有一种极具代表性的民间舞蹈，叫"哈拉贝"，跳舞时男女穿着民族服装。

墨西哥特产

　　玉米、银器、陶器、皮雕、宝石、珠宝、手编羊毛毯等。

世界遗产

　　墨西哥城与赫霍奇米尔科历史中心、瓦哈卡历史中心与阿尔班山考古遗址、特奥蒂瓦坎古城遗址等。

委内瑞拉

全称：委内瑞拉玻利瓦尔共和国

首都：加拉加斯

面积：91.64万平方公里

人口：3111万（2017年）

货币：强势玻利瓦尔

1. 国旗

黄色代表丰富的资源；蓝色代表天空和大海；红色代表独立战争中牺牲的战士的鲜血；七颗五角星代表1811年委内瑞拉联邦的七个省；2006年增加了一颗星，代表1817年摆脱西班牙统治而并入委内瑞拉的圭亚那省。

2. 国徽

二十株小麦代表二十个州的团结；月桂象征着胜利；绶带上写着国名和"1810年4月19日、独立"以及"1859年2月20日、联邦"。

3. 国花

五月兰。在委内瑞拉人心目中，五月兰高洁清雅，是一种"神奇、梦幻般的花朵"。

风俗一瞥

　　委内瑞拉人与人交谈时喜欢跟对方离得很近，谈话时还常常会碰对方的肩膀或领口，熟人则常常抓着对方的手说话。新年来临之际，委内瑞拉人喜欢将大额纸币放在钱包或右鞋中，表示自己掌握了财富。

委内瑞拉特产

　　咖啡、珍珠、宝石、蔗糖、木制品、挂毯、金制加工品、民族工艺品等。

世界遗产

　　科罗及其港口、卡奈马国家公园等。

阿根廷

全称：阿根廷共和国

首都：布宜诺斯艾利斯

面积：278.04万平方公里（不含马尔维纳斯群岛和阿主张的南极领土）

人口：4011万（2010年人口普查结果）

货币：阿根廷比索

1. 国旗

浅蓝色象征正义；白色象征信念、纯洁、正直和高尚；白色中间是"五月的太阳"，象征自由和黎明。

2. 国徽

上端有一轮"五月的太阳"，寓意同国旗；椭圆形中两只紧握着的手象征团结；手中握有"自由之竿"，象征权力、法令、尊严和主权；竿顶为红色的"自由之帽"；椭圆形图案由绿色的月桂树叶环绕，绿色象征忠诚和友谊，月桂树叶象征胜利和光荣。

3. 国花

赛波花。1942年，阿根廷通过法令，正式确定赛波花为阿根廷的国花。

风俗一瞥

　　阿根廷人多为西班牙和意大利人的后裔，所以他们在一定程度上受欧洲文化影响。在社交场合，男士之间要行握手礼，而与女士见面则施贴面礼。阿根廷人见面的称谓与问候很讲究，通常需在姓氏前冠以先生、小姐、夫人和头衔等尊称；对于亲密的朋友之间，则用名字相称或采用昵称。阿根廷人饮食上喜欢各式各样的烤肉。

阿根廷特产

牛肉、国宝石、银饰、羊皮制品、革制品、印第安手工艺品等。

世界遗产

伊瓜苏瀑布、罗斯·格拉希亚雷斯冰川国家公园、瓜拉尼人居住区的耶稣会传教所、瓦尔德斯半岛、乌马瓦卡谷等。

巴西

全称： 巴西联邦共和国
首都： 巴西利亚
面积： 851.49万平方公里
人口： 2.086亿（2017年）
货币： 雷亚尔

1. 国旗

2. 国徽

3. 国花

　　蓝色天球仪下半部象征南半球星空；白色五角星代表巴西的26个州和1个联邦区；饰带文字为"秩序和进步"；绿色象征该国广阔的丛林；黄色代表丰富的矿藏和资源。

　　大五角星象征国家的独立和团结；5个小五角星代表南十字星座；圆环中有27个小五角星，代表巴西各州和联邦区；绶带上用葡萄牙文写着"巴西联邦共和国""1889年11月15日"（共和国成立日）。

　　毛蟹爪兰。此花株形优美、花色艳丽。巴西曾经将此花馈赠中国，丰富了中国兰花珍品。

 **风俗一瞥**

认国旗

　　巴西有"足球王国"的美誉，全国上下，无论男女老少，都特别喜爱足球。巴西烤肉是巴西的国家招牌菜，颜色金黄、香喷喷的烤肉是巴西家宴、野餐必备的食物。巴西人风趣幽默，在社交场合喜欢以拥抱或亲吻作为见面礼。巴西人受赠礼物后，要当着送礼的人当面打开，并且表示感谢。

 **巴西特产**

马黛茶、咖啡、卡沙萨酒、蘑菇、蜂胶、瓜拉那等。

 **世界遗产**

欧鲁普雷图古镇、奥林达历史中心、伊瓜苏国家公园、圣路易斯历史中心、大西洋沿岸热带雨林保护区等。

秘鲁

全称： 秘鲁共和国

首都： 利马

面积： 128.5216万平方公里

人口： 3205万（2017年1月）

货币： 新索尔

1. 国旗

白色象征自由、民主、和平、幸福；红色象征秘鲁人民在独立战争中取得的胜利，也表示人民对烈士的怀念。

2. 国徽

中心图案为盾徽，盾面左上方是一只南美骆马，为该国国兽，代表国家的动物资源，也是秘鲁民族的象征之一；右上方是一棵金鸡纳树，代表该国的植物资源；下半部为一只象征丰饶的羊角，代表该国的自然资源和矿藏。

3. 国花

向日葵、坎涂花。向日葵原产秘鲁，同时也是秘鲁的国花；坎涂花则是中美洲最常见的花卉之一。

风俗一瞥

在社交场合，秘鲁人与客人相见和告别时，都惯以握手为礼。男士之间相见，一般惯施拥抱礼，并互相拍肩、拍背。秘鲁女士之间相见习惯施亲吻礼。秘鲁居民中绝大多数人信奉天主教。

秘鲁特产

土豆、凤尾鱼、雪莲果、皮斯科酒、铜质或银质手工艺品、土耳其玉等。

世界遗产

马丘比丘古城、库斯科城、夏文考古遗址（查文考古遗址）、马努国家公园等。

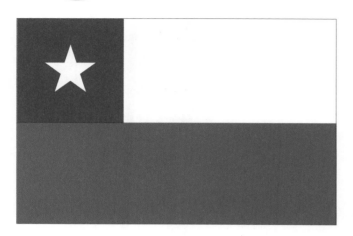

智利

全称：智利共和国

首都：圣地亚哥

面积：75.6715万平方公里

人口：1757万

货币：智利比索

1. 国旗

2. 国徽

3. 国花

白色五角星表达智利人民对民族英雄奥伊金斯将军的敬仰，红色象征为了智利的独立和自由而英勇牺牲的烈士的鲜血，白色象征安第斯山高峰的白雪，蓝色象征海洋。

五角星象征光明照耀前进的道路，顶端羽状物代表昔日总统的帽饰，底部的戈比爱野百合花象征独立自由，绶带用西班牙文写着"依靠公理和武力"。

戈比爱野百合，又名风铃花。智利人认为戈比爱野百合是抗击西班牙殖民者的烈士的鲜血染成的，所以国家独立后将此花定为国花。

风俗一瞥

　　智利地处美洲大陆最南端，与南极洲隔海相望，因此智利人常称自己的国家为"天涯之国"。智利人十分重视见面时的问候礼节，与客人第一次见面时，多要吻手，熟悉的朋友还要热情拥抱和亲吻。一些上了年纪的人见面，还习惯行举手礼或脱帽礼。

智利特产

三文鱼、葡萄酒、铜、铜质雕像、猕猴桃等。

世界遗产

拉帕努伊国家公园（复活节岛）、奇洛埃的教堂群、瓦尔帕莱索港口城市历史区等。

哥伦比亚

全称：哥伦比亚共和国

首都：波哥大

面积：114.1748万平方公里

人口：4936万

货币：哥伦比亚比索

1. 国旗

黄色象征金色的阳光、谷物和丰富的自然资源；蓝色象征蓝天、海洋和河流；红色象征爱国者为争取国家独立和民族解放而洒下的鲜血。

2. 国徽

盾面中间是"自由之帽"，象征自由和解放；羊角象征丰饶；中间一颗红石榴代表哥伦比亚旧称；盾徽上端鹰叼着月桂枝叶花环象征国家的独立和光荣；鹰爪下的绶带上用西班牙文写着"自由、秩序"，意为在秩序下实行自由。

3. 国花

冬卡特莱兰。冬卡特莱兰是国际上最有名的兰花之一，花大而美丽，色泽鲜艳而丰富。

风俗一瞥

哥伦比亚人在称呼方面，熟人之间可以称呼名字，但对于初次认识的人应称呼先生、夫人或小姐，直到对方提出要求后，才可以称名。有旅客来访时，哥伦比亚人会热情地送上一杯咖啡。

哥伦比亚特产

祖母绿宝石、黄金、咖啡、龙酒、鲜花等。

世界遗产

卡塔赫纳的港口、要塞和古迹群，铁拉登特罗国家考古公园，圣奥古斯丁考古公园等。

澳大利亚

全称：澳大利亚联邦

首都：堪培拉

面积：769.2万平方公里

人口：2486万（2018年3月）

货币：澳大利亚元

1. 国旗

左上角的英国国旗图案表明与英国的传统关系；七角星被称为"澳大利亚联邦之星"，象征组成澳大利亚联邦的六个州和联邦区；五颗小星代表南十字星座，表明该国处于南半球。

2. 国徽

袋鼠和鸸鹋均为澳大利亚特有动物，象征着一个永远迈步向前的国家。

3. 国花

金合欢。金合欢多年来是澳大利亚民间公认的国花，于1988年被正式定为国花。

 风俗一瞥

　　澳大利亚的城市里有很多开阔的公园和绿地，大多数公园都是免费开放的，没有围墙，四面八方都是进出公园的小径。澳大利亚有特别浓厚的自由和无拘无束的气氛，闲暇时光，澳大利人喜欢约上朋友，一起到酒吧喝啤酒、欣赏音乐，或是到公园烧烤游乐。

 澳大利亚特产

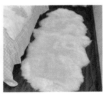  

宝石、羊皮、牛皮、红酒、绵羊油、葡萄酒、白酒、动物玩具、艺术画作等。

 世界遗产

大堡礁、昆士兰热带雨林、蓝山国家公园等。